Comparing Countries

Compara países

Daily Life

La vida diaria

translated into Spanish by Ana Cristina Llompart Lucas

Sabrina Crewe

CRABTREE
PUBLISHING COMPANY
WWW.CRABTREEBOOKS.COM

CRABTREE
PUBLISHING COMPANY
WWW.CRABTREEBOOKS.COM

Author: Sabrina Crewe

Editorial director: Kathy Middleton

Designer: Keith Williams

Illustrator: Stefan Chabluk

Translator: Ana Cristina Llompart Lucas

Proofreader: Crystal Sikkens

Production coordinator and prepress: Ken Wright

Print coordinator: Katherine Berti

The publisher would like to thank the following for permission to reproduce their pictures: Aflo Co. Ltd./Alamy Stock Photo 14; Burhan Ay/Shutterstock 19; Roman Babakin/Shutterstock 16; Boyloso/Shutterstock 13; Bumihills/Shutterstock front cover (top); Cinematographer/Shutterstock 11; Dance60/Shutterstock 26; Mike Goldwater/Alamy Stock Photo 25; Imagebroker/Alamy Stock Photo 7; Imfoto/Shutterstock 27; Watcharin Keawlak/Shutterstock 4; Michal Knitl/Shutterstock title page, 8; Ton Koene/Alamy Stock Photo 15; Laborant/Shutterstock 10; Zoran Milich/Getty Images 28; Premium Stock Photography GmbH/Alamy Stock Photo 9; Punghi/Shutterstock 22; Roomphoto/Shutterstock front cover (bottom); Oleksandr Rupeta/Alamy Stock Photo 23; Steve Skjold/Alamy Stock Photo 24; Solstock/Getty Images 20; George Steinmetz/Getty Images 17; Aleksandar Todorovic/Shutterstock 21; TonyV3112/Shutterstock 6; Quang Nguyen Vinh/Shutterstock 18; Jim West/Alamy Stock Photo 29; Wietse Michiels Travel Stock/Alamy Stock Photo 5; Vladimir Zhoga/Shutterstock 12.

Every attempt has been made to clear copyright. Should there be any inadvertent omission please apply to the publisher for rectification.

Library and Archives Canada Cataloguing in Publication

Title: Daily life = La vida diaria / Sabrina Crewe.
Other titles: Vida diaria
Names: Crewe, Sabrina, author. | Llompart, Ana Cristina, translator.
Description: Series statement: Comparing countries = Compara países |
  Translated into Spanish by Ana Cristina Llompart Lucas. |
  Previously published: London: Franklin Watts, 2018. |
  Includes index. | Text in English and Spanish.
Identifiers: Canadiana (print) 20190199148 |
  Canadiana (ebook) 20190199156 |
  ISBN 9780778769392 (hardcover) |
  ISBN 9780778769453 (softcover) |
  ISBN 9781427124395 (HTML)
Subjects: LCSH: Culture—Juvenile literature. |
  LCSH: Manners and customs—Juvenile literature.
Classification: LCC GN333 .C74 2020 | DDC j306—dc23

Library of Congress Cataloging-in-Publication Data

CIP available at the Library of Congress

LCCN: 2019043609

Crabtree Publishing Company

www.crabtreebooks.com   1-800-387-7650

Published in 2020 by Crabtree Publishing Company

Published in Canada
Crabtree Publishing
616 Welland Avenue
St. Catharines, ON
L2M 5V6

Published in the United States
Crabtree Publishing
PMB 59051
350 Fifth Ave, 59th Floor
New York, NY 10118

Printed in the U.S.A./012020/CG20191115

First published in Great Britain in 2018 by The Watts Publishing Group
Copyright © The Watts Publishing Group 2018

Contents

To read this book in English, follow the purple boxes. To read this book in Spanish, follow the blue boxes. Look for the globe on each page. It shows you where each country is in the world and on which continent.

Contenido

Para leer este libro en inglés, sigue los recuadros en morado. Para leer este libro en español, sigue los recuadros en azul. Busca el globo terráqueo en cada página. Te muestra dónde está ubicado cada país en el mundo y en qué continente.

Days around the world

Los días por todo el mundo

How do people in different countries spend their days? Some parts of daily life are the same everywhere, while others vary. Let's go around the world to compare people's daily lives.

¿Cómo pasa la gente sus días en los distintos países? Algunas partes de la vida diaria son iguales en cualquier lugar, mientras que otras varían. Vamos a recorrer el mundo para comparar la vida diaria de las personas.

THAILAND

In Thailand's quiet countryside, daily life usually includes fishing and farming. Many people rely on catching fish for their meals.

TAILANDIA

En el tranquilo campo de Tailandia, la vida diaria normalmente incluye pescar y cuidar los cultivos y animales. Muchas personas dependen de la pesca para comer.

ITALY

In Italy's busy towns and cities, families like to go out in the evening. They gather at cafés to eat, meet friends, and talk about their day.

ITALIA

En los concurridos pueblos y ciudades de Italia, a las familias les gusta salir al final de la tarde. Se reúnen en los cafés para comer algo, reunirse con los amigos y hablar del día.

What is daily life?

Daily life includes all the ordinary things people do on most days, from going to school to going to bed.

¿Qué es la vida diaria?

La vida diaria incluye las cosas corrientes que hace la gente la mayoría de los días, desde ir a la escuela hasta irse a la cama.

ITALY
ITALIA

THAILAND
TAILANDIA

Europe/
Europa

Asia/Asia

África/
África

Australia/
Oceanía

Families big and small

Wherever you live, your family is a big part of daily life. Families come in many sizes.

CHINA

Until 2015, the law allowed parents to have only one child, so many families are small. Respect for parents is very important in Chinese culture.

Las familias grandes y pequeñas

Vivas donde vivas, tu familia es una parte importante de tu vida diaria. Las familias son de muchos tamaños.

CHINA

Hasta 2015, la ley solo permitía que los padres tuvieran un hijo, así que muchas familias eran pequeñas. El respeto a los padres es muy importante en la cultura china.

Europe/ Europa

Asia/Asia

Africa/ África

Australia/ Oceanía

CHINA

CHINA

BRAZIL

In some countries, such as Brazil, it is traditional to have big families. Children, parents, grandparents, uncles, and aunts often live together.

BRASIL

En algunos países, como Brasil, es tradicional tener familias grandes. Los niños, padres, abuelos, tíos y tías a menudo viven juntos.

BRAZIL

BRASIL

Do you have brothers and sisters?

¿Tienes hermanos y hermanas?

North America/ América del Norte

Europe/ Europa

África/ África

South América/ América del Sur

How's the weather?

Cómo está el tiempo

The weather is an important part of daily life. People do different things depending on the weather.

El tiempo, o tiempo atmosférico es una parte importante de la vida diaria. La gente hace diferentes cosas dependiendo del tiempo.

BANGLADESH

The climate in Bangladesh is warm, and people spend a lot of their day outdoors. It is very rainy from June to October every year.

BANGLADESH

El clima en Bangladesh es caluroso y la gente pasa gran parte de su día al aire libre. Todos los años llueve mucho de junio a octubre.

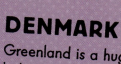

DENMARK

Greenland is a huge island that belongs to Denmark. It is in the icy Arctic. For much of the year, children wear warm clothes to play outside.

DINAMARCA

Groenlandia es una isla enorme que pertenece a Dinamarca. Está situada en el Ártico helado. Durante gran parte del año, los niños visten ropa abrigada para jugar afuera.

GREENLAND
GROENLANDIA

North America/
América del Norte

Europe/
Europa

Africa/
África

South America/
América del Sur

DENMARK
DINAMARCA

Europe/
Europa

Asia/Asia

Africa/
África

Australia/
Oceanía

BANGLADESH
BANGLADESH

Comparing clothes

Comparemos la ropa

People wear traditional clothes every day in some countries. As well as following tradition, their clothes suit the **environment**.

En algunos países, la gente viste ropa tradicional cada día. Además de seguir la tradición, su ropa es adecuada para el **medio ambiente**.

UNITED ARAB EMIRATES

In the desert, some boys and men wear long white robes and **headscarves**. The white fabric keeps them cool and protects them from dust and sand.

EMIRATOS ÁRABES UNIDOS

En el desierto, algunos niños y hombres llevan túnicas largas y blancas y **pañuelos en la cabeza**. La tela blanca los mantiene frescos y los protege del polvo y la arena.

PERU

In the cool mountains, people wear layers to keep them warm. They often make their clothes from the wool of **alpacas**.

PERÚ

En las frías montañas, la gente viste capas de ropa para mantenerse abrigada. A menudo hacen sus prendas de la lana de las **alpacas**.

UNITED ARAB EMIRATES

EMIRATOS ÁRABES UNIDOS

PERU

PERÚ

Europe/ Europa

Asia/Asia

Africa/ África

Australia/ Oceanía

North America/ América del Norte

Europe/ Europa

Africa/ África

South America/ América del Sur

Getting around

De un lado a otro

Traveling to work or school is part of most daily lives. This is called commuting. People have different ways of getting around.

Ir al trabajo o a la escuela es parte de la vida diaria de la mayoría. Esto se conoce como viajar. Las personas van de un lado a otro de diferentes maneras.

INDIA

India's towns and cities are full of all kinds of transportation. Children may go to school in a cart, a bus, a car, by bicycle, or on foot.

INDIA

Los pueblos y ciudades de la India están llenos de todo tipo de medios de transporte. Los niños pueden ir a la escuela en una carreta, un autobús, un carro, en bicicleta o a pie.

AUSTRALIA

Melbourne's tram system is the biggest in the world. Commuters and shoppers can travel by tram anywhere in the city.

AUSTRALIA

El sistema de tranvías de Melbourne es el más grande del mundo. Las personas que viajan para ir a trabajar y los que van a comprar pueden viajar en tranvía por toda la ciudad.

Commuting

Some people spend more than three hours commuting from home to work every day. Others live close by where they work.

Viajar para ir al trabajo

Algunas personas viajan más de tres horas cada día para ir de casa al trabajo. Otras viven cerca del lugar donde trabajan.

INDIA

INDIA

Europe/ Europa

Asia/Asia

Africa/ África

Australia/ Oceanía

AUSTRALIA

AUSTRALIA

A day at school

Un día en la escuela

Most children spend much of their daily life at school. They learn, exercise, and have fun with their friends at school.

La mayoría de los niños pasan gran parte de su vida diaria en la escuela. Allí aprenden, hacen ejercicio y se divierten con sus amigos.

JAPAN

In Japan, children study hard starting at a young age. They show respect to their teachers by bowing at the beginning and end of each lesson.

JAPÓN

En Japón, los niños estudian mucho desde una temprana edad. Muestran respeto a sus maestros inclinando la cabeza al principio y al final de cada clase.

CANADA

CANADÁ

Asia/Asia

North America/ América del Norte

South America/ América del Sur

Australia/ Oceanía

JAPAN

JAPÓN

CANADA

At school, children study their country's traditional cultures. Many Inuit children who live in the far north learn to read and write a **language** called Inuktitut.

CANADÁ

En la escuela, los niños estudian las culturas tradicionales de su país. Muchos niños **inuit** que viven en el extremo norte aprenden a leer y escribir un idioma llamado inuktitut.

15

A day at work

Around the world, people do all kinds of jobs. Every day people go to work in offices, stores, **factories**, and hospitals.

FRANCE

Many people work producing and selling food. French people are known for making delicious cheeses!

Un día en el trabajo

En todo el mundo, las personas hacen todo tipo de trabajos. Todos los días, la gente va a trabajar en oficinas, tiendas, **fábricas** y hospitales.

FRANCIA

Muchas personas trabajan elaborando y vendiendo alimentos. ¡Los franceses son famosos por hacer quesos deliciosos!

What job would you like to do most?

¿Qué trabajo te gustaría más hacer?

16

LIBYA

Libya has many hospitals, mainly in the big cities. Workers include nurses, doctors, and cleaners. Surgeons are doctors who repair parts of the body.

LIBIA

Libia tiene muchos hospitales, principalmente en las ciudades grandes. Sus trabajadores incluyen enfermeras, médicos y encargados de la limpieza. Los cirujanos son médicos que arreglan partes del cuerpo.

FRANCE
FRANCIA

Europe/
Europa

Asia/Asia

Africa/
África

Australia/
Oceanía

LIBYA
LIBIA

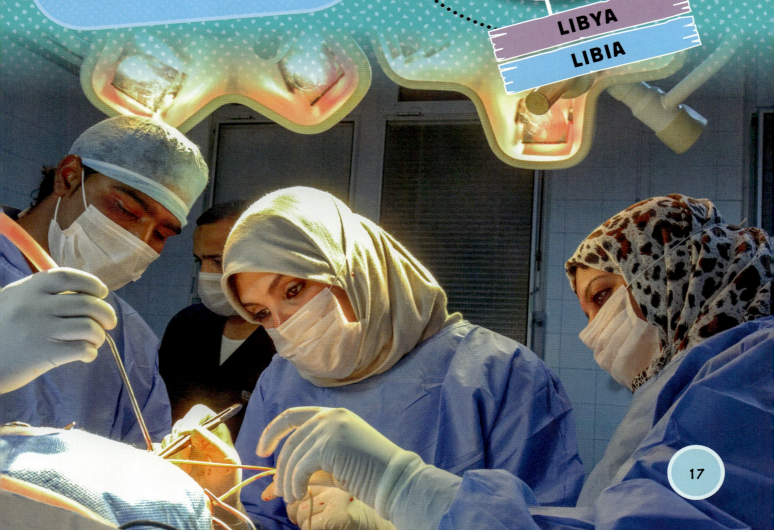

Going shopping

After work and on weekends, people often go shopping as part of their **routine**. They shop in different kinds of places, depending on where they live.

VIETNAM

Most towns have a market where people can buy fresh foods. They also see their friends and find out what is going on in their **community**.

De compras

Después del trabajo y durante los fines de semana, la gente a menudo va de compras como parte de su **rutina**. Compran en todo tipo de lugares, dependiendo de dónde vivan.

VIETNAM

En la mayoría de los pueblos hay un mercado donde la gente puede comprar alimentos frescos. También ven a sus amigos y se enteran de lo que pasa en su **comunidad**.

PAKISTAN

Shopping centers in big cities can have more than 50 stores under one roof. They sell everything from clothes and toys to food.

PAKISTÁN

Los centros comerciales de las grandes ciudades pueden tener más de 50 tiendas bajo un mismo techo. Venden de todo, desde ropa y juguetes hasta alimentos.

VIETNAM

VIETNAM

What is a routine?

A routine is a regular way of doing something, such as always going shopping on Saturday.

Europe/
Europa

Asia/Asia

Africa/
África

Australia/
Oceanía

¿Qué es una rutina?

Una rutina es algo que se hace de manera regular, como ir siempre a comprar los sábados.

PAKISTAN

PAKISTÁN

Food for the table

Comida para la mesa

All around the world, many children help their families raise animals and grow food.

En todo el mundo, muchos niños ayudan a sus familias a criar animales y cultivar alimentos.

GREAT BRITAIN

Many people grow fruit or vegetables in community gardens. They pay a city or town to farm a small part of the garden. They take home the food they grow to eat or share with neighbors.

GRAN BRETAÑA

Muchas personas cultivan fruta o verduras en jardines comunitarios. Le pagan a una ciudad o pueblo para poder cultivar en una pequeña parte del jardín. Se llevan la comida que cultivan a casa para comerla o compartirla con los vecinos.

GREAT BRITAIN
GRAN BRETAÑA

Europe/
Europa

Asia/Asia

Africa/
África

Australia/
Oceanía

TANZANIA
TANZANIA

TANZANIA

Among the Maasai people, children look after the cattle. Every day, boys take the cattle out of the village and watch over them while they graze.

TANZANIA

Entre los masáis, los niños cuidan del ganado vacuno. Todos los días, los niños varones llevan el ganado fuera de la aldea y lo vigilan mientras pasta.

21

Daily chores

Las tareas diarias

There are plenty of **chores** to do in daily life. Children help with everything from getting water and firewood to cooking.

En la vida diaria, hay muchas **tareas** que hacer. Los niños ayudan en todo, desde recolectar agua y leña hasta cocinar.

SOUTH SUDAN

Many children live in **refugee** camps because they have lost their homes. In the camps, they help to collect water every day for their families.

SUDÁN DEL SUR

Muchos niños viven en campos de **refugiados** porque han perdido sus casas. En los campos, ayudan a recolectar agua todos los días para sus familias.

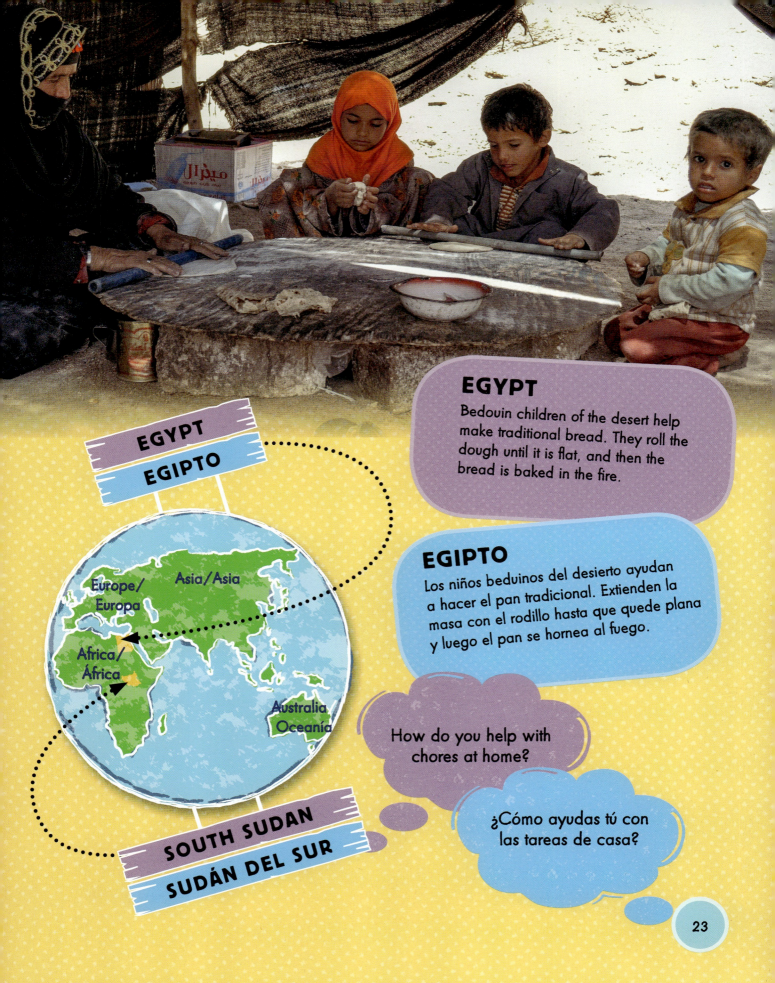

EGYPT

EGYPT
Bedouin children of the desert help make traditional bread. They roll the dough until it is flat, and then the bread is baked in the fire.

EGIPTO
Los niños beduinos del desierto ayudan a hacer el pan tradicional. Extienden la masa con el rodillo hasta que quede plana y luego el pan se hornea al fuego.

EGYPT
EGIPTO

Europe/Europa
Asia/Asia
Africa/África
Australia/Oceanía

SOUTH SUDAN
SUDÁN DEL SUR

How do you help with chores at home?

¿Cómo ayudas tú con las tareas de casa?

Time to eat

Hora de comer

Mealtimes are often the most important parts of the day. In most countries, families eat their main meal of the day together.

A menudo la hora de comer es la parte más importante del día. En la mayoría de los países, los miembros de una familia comen juntos la comida principal del día.

POLAND

People in Poland enjoy large family picnics when the weather is warm. They eat bread rolls, sausages, potatoes, and pickles.

POLONIA

Cuando hace calor, la gente de Polonia disfruta haciendo grandes pícnics familiares. Comen panecillos, salchichas, papas y encurtidos.

ETHIOPIA

Families share the same dish of stew, vegetables, and beans. They scoop up the food with a piece of *injera*, which is Ethiopian bread.

ETIOPÍA

Las familias comparten el mismo plato de guiso, verduras y frijoles. Toman la comida del plato con un trozo de *injera*, que es el pan etíope.

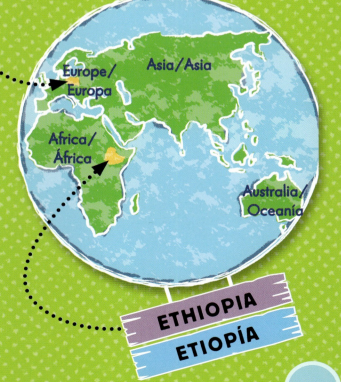

POLAND
POLONIA

Europe/
Europa

Asia/Asia

Africa/
África

Australia/
Oceanía

ETHIOPIA
ETIOPÍA

25

Weekends and vacations

Having fun is part of daily life, too! On weekends and on vacation, families have time to do the things they enjoy.

SPAIN

Spain's long coast has many sandy beaches. On vacation and on weekends, people enjoy leaving the city and going to the beach.

Vacaciones y salidas

¡Divertirse es también parte de la vida diaria! Durante los fines de semana y las vacaciones, las familias tienen tiempo para disfrutar de lo que les gusta hacer.

ESPAÑA

La larga costa de España tiene muchas playas de arena. En las vacaciones y los fines de semana, a la gente le gusta salir de la ciudad e ir a la playa.

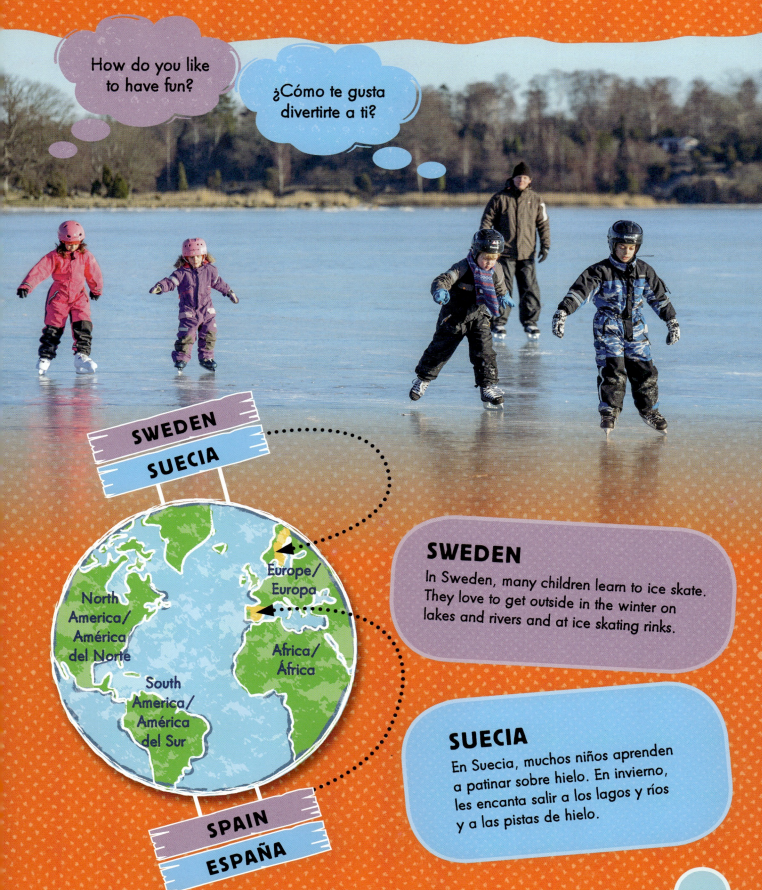

How do you like to have fun?

¿Cómo te gusta divertirte a ti?

SWEDEN
SUECIA

Europe/
Europa

North
America/
América
del Norte

Africa/
África

South
America/
América
del Sur

SPAIN
ESPAÑA

SWEDEN

In Sweden, many children learn to ice skate. They love to get outside in the winter on lakes and rivers and at ice skating rinks.

SUECIA

En Suecia, muchos niños aprenden a patinar sobre hielo. En invierno, les encanta salir a los lagos y ríos y a las pistas de hielo.

Having fun at home

Diversiones en casa

Families have fun at home, too. They play games, watch television, or read.

Las familias también se divierten en casa. Juegan juegos, ven la televisión o leen.

UNITED STATES

Americans love all kinds of games, from cards and video games to sports. Parents often play games with their children.

ESTADOS UNIDOS

A los estadounidenses les encanta jugar a todo tipo de juegos, desde cartas y videojuegos hasta deportes. Los padres a menudo juegan con sus hijos.

UNITED STATES
ESTADOS UNIDOS

Asia/Asia

North America/
América del Norte

Australia/ Oceanía

South America/
América del Sur

MEXICO

At the end of the day, children everywhere get ready for bed. Before going to sleep, many like to read by themselves or with their parents.

MÉXICO

Al final del día, en todos los lugares, los niños se preparan para ir a la cama. Antes de irse a dormir, a muchos les gusta leer solos o con sus padres.

MEXICO
MÉXICO

29

Glossary

alpaca A woolly animal similar to a llama that lives in South America

Arctic The cold, northern region of land around the North Pole

cattle Large animals raised for meat and milk. Females are cows and males are bulls.

chore A job done on a regular basis at home

climate The usual weather patterns and conditions in a region. The desert is an example of a dry and often hot climate.

coast The edge of land around an island or continent that meets the sea

community A group of people that live near each other, such as people in a tribe, village, or neighborhood

commuter A person who travels to and from work every day

culture A combination of beliefs and customs that belong to a particular group

environment The world around you or the place you live, including the climate and other conditions

factory A building where things are manufactured (made), usually by machines

graze Feed on grass or other growing plants

headscarf A piece of cloth that goes over a person's head

Inuit A group of people who traditionally live in northern North America and Greenland

language The words a group of people understand and use to communicate with each other. Countries have their own languages, but so do smaller groups within countries, such as tribes.

law A rule that is made by a government and that everyone has to follow

ordinary Normal or not special

refugee A person who leaves his or her homeland because of war or some other danger, and seeks shelter and safety in another place or country

respect A way of treating a person to show that they are valued and honored. You can show respect by being polite or kind or admiring.

routine A regular or repeated way of doing something

traditional Always done in the same way and passed on to younger people in a family or community

tram A public transportation vehicle that travels along tracks in the road

transportation The process and system of moving people or things

vary To change between one place or time and another

Glosario

(alpaca) alpaca Animal lanudo parecido a una llama que vive en América del Sur

(Arctic) Ártico La región fría y nórdica que rodea al Polo Norte

(cattle) ganado vacuno Animales de gran tamaño que se crían por su carne y leche. Las hembras se llaman vacas y los machos se llaman toros.

(chore) tarea Trabajo que se hace en casa de manera regular

(climate) clima Las distintas condiciones de tiempo de una región. El desierto es un ejemplo de un clima seco y a menudo cálido.

(coast) costa El extremo de tierra que está alrededor de una isla o continente y que se junta con el mar

(community) comunidad Grupo de personas que viven cerca unos de otros, como las personas de una tribu, un pueblo o un vecindario

(commuter) persona que viaja para ir al trabajo Persona que viaja de ida y vuelta al trabajo todos los días

(culture) cultura Combinación de creencias y costumbres que son parte de un grupo particular

(environment) medio ambiente El mundo que te rodea o el lugar donde vives, incluidos el clima y otras condiciones

(factory) fábrica Edificio donde se fabrican (hacen)cosas, normalmente por medio de máquinas

(graze) pastar Alimentarse de pasto u otras plantas que crecen

(headscarf) pañuelo de la cabeza Trozo de tela que cubre la cabeza de una persona

(Inuit) inuit Grupo de personas que tradicionalmente viven en el norte de América del Norte y en Groenlandia

(language) idioma Las palabras que un grupo de personas entienden y usan para comunicarse entre sí. Los países tienen sus propios idiomas, pero también los tienen los grupos más pequeños dentro de un país, como las tribus.

(law) ley Regla que crea un gobierno y que todos tienen que seguir

(ordinary) corriente Normal o no especial

(refugee) refugiado Persona que deja el país donde nació por causa de la guerra u otro peligro y busca refugio y seguridad en otro lugar o país

(respect) respeto Una manera de tratar a una persona para demostrarle que es valorada y honrada. Puedes mostrar respeto siendo educado o amable o mostrando admiración.

(routine) rutina Manera habitual o repetida de hacer algo

(traditional) tradicional Algo hecho siempre de la misma manera y que pasa a los miembros más jóvenes de una familia o comunidad

(tram) tranvía Vehículo de transporte público que viaja sobre vías en la calle

(transportation) transporte El proceso y sistema de trasladar personas o cosas

(vary) variar Cambiar de un lugar o momento a otro

31

Index

Índice

El índice español no sigue el mismo orden que el inglés.